FOOT 2 RUE

· SAISON QUATRE ·

2 MATCH RETOUR

SCÉNARIO
MATHIEU MARIOLLE

DESSIN
MICHELA CACCIATORE

COULEUR
PIER GIUSEPPE GIUNTA

soleil

Éditeur : Jean Wacquet

D'après la saison 4 de la série *Foot2Rue* librement adaptée du roman *La compagnie des Célestins* de Stefano Benni, paru aux Editions Giangiacomo Feltrinelli Editore S.R.L., Actes Sud pour l'édition française.
Créée par Giorgio Welter, Philippe Alessandri, Serge Rosenzweig, Marco Beretta, Vincent Costi.
Création graphique : Stéphane Roux.
Réalisée par : Bruno Bligoux.

Adapté des épisodes *Chantage* écrit par Peter Berts et *Match Retour* écrit par Nicolas Verpilleux.

Soleil
44, rue Baudin
83000 Toulon – France

Soleil Paris
8, rue Léon Jouhaux
75010 Paris – France

Conception et réalisation graphique : Studio Delcourt/Soleil
Lettrage : Studio Charon

Loi n° 49-956 du 16 juillet 1949
sur les publications destinées à la jeunesse.

Dépôt légal : Juin 2023 – ISBN : 978-2-302-09939-5
Première édition

Achevé d'imprimer en avril 2023
sur les presses de l'imprimerie PPO, à Palaiseau, France.

www.editions-soleil.fr

ALLEZ, ESSAIE DE ME SUIVRE !
OH !
BIANCA ! À TOI !

NOUVEAU BUT POUR LES BLEUS ! SCORE FINAL 3 À 1 !
BRAVO À TOUS !
OUAIS, ON A TROP ASSURÉ !
PETIT DRAGON, C'EST GRÂCE À TOI. TU AS EU UNE IDÉE GÉNIALE EN CHOISISSANT CE TERRAIN.
LES T-REX SONT BIEN PLUS GRANDS ET COSTAUDS QUE NOUS. IL FALLAIT LES AFFRONTER EN MISANT SUR NOTRE VITESSE ET NOTRE AGILITÉ.
ET CETTE VIEILLE CASSE DE VOITURES, C'ÉTAIT PARFAIT POUR NOTRE PLAN !
COMME QUOI, ÊTRE LES PLUS PETITS, ÇA PEUT PARFOIS SERVIR ! SURTOUT QUAND LES GÉANTS SE COINCENT DANS DES PETITS TROUS...
FÉLICITATIONS, LES BLEUS ! VOUS REMONTEZ DANS LE CLASSEMENT. ÇA FAIT QUATRE VICTOIRES D'AFFILÉE.
WOW ! TANT QUE ÇA ?
TU ES TELLEMENT HABITUÉE À GAGNER QUE TU NE LES COMPTES MÊME PLUS ?
QUATRE VICTOIRES... C'ÉTAIT INESPÉRÉ...
NON. C'EST GRÂCE À NOTRE TRAVAIL À TOUS.

SOUVIENS-TOI, PETIT DRAGON, ÇA A DÉBUTÉ DÈS LE DEUXIÈME MATCH, CONTRE LES SPECTRES.
CE COUP-CI, C'EST GRÂCE À FRANK QU'ON S'EN ÉTAIT SORTIS.
SANS SES ARRÊTS INCROYABLES ET SON BUT VENU DE L'ESPACE, ON N'AURAIT JAMAIS RÉUSSI À DÉCROCHER UN MATCH NUL.
ET ON A OBTENU NOTRE PREMIÈRE VICTOIRE JUSTE APRÈS. CONTRE LES AS DE CŒUR.
KANI AVAIT FAIT UN SUPER MATCH. ET SA TACTIQUE POUR LES CONTRER AVAIT ÉTÉ VRAIMENT INGÉNIEUSE !

ET CONTRE LES TORPILLEURS, VOUS M'AVEZ AIDÉ À VAINCRE MA PEUR DE L'EAU.
QUAND ON EST TOUS ENSEMBLE, ON PEUT SURMONTER TOUS LES OBSTACLES.
MÊME QUAND ON SE RETROUVE À JOUER SUR DE LA GLACE ! COMME CONTRE LES PIRATES DU PORT !

ON A FAIT DES PROGRÈS, MAIS FAUT QUAND MÊME PAS SE LA JOUER. ON EST ENCORE LOIN DU FC GOLMETTI OU DES PSIKOPATS.
C'EST VRAI QUE JE SUIS LA STAR DE LA MEILLEURE ÉQUIPE DU TOURNOI ! BON COURAGE POUR NOUS RATTRAPER !
HA HA HA !
NE TE MOQUE PAS, JÉRÉMY !
JE ME MOQUE PAS ! JE SUIS FIER DE VOUS !
OUI...
1
QU'EST-CE QUI SE PASSE ?
C'EST UN PETIT PARI AVEC MALIK. POUR LE MOMENT, PERSONNE N'A RÉUSSI À LUI METTRE UN BUT. C'EST PAS POUR RIEN QU'ON LE SURNOMME LA MURAILLE.
ÇA FAIT VINGT ARRÊTS ! ON CONTINUE OU ON LAISSE REQUIN FAIRE LE TIRAGE AU SORT DU PROCHAIN MATCH ?
ALLEZ, VENEZ PRÈS DE MOI, C'EST LE MOMENT FATIDIQUE !

LE PREMIER MATCH OPPOSERA LES BULLDOZERS AU FC GOLMETTI !
CHOIX DU TERRAIN POUR LE FC GOLMETTI.
ÇA VA ÊTRE UN SUPER MATCH !
OUAIS ! LE MEILLEUR ATTAQUANT, MOI, CONTRE LE MEILLEUR GARDIEN, TOI !
ET LE DEUXIÈME MATCH OPPOSERA LES BOUFFONS AUX BLEUS ! CHOIX DU TERRAIN POUR LES BLEUS.
QUE LE MEILLEUR GAGNE !
HA HA HA HA HA ! ON VA BIEN S'ÉCLATER !
LES BOUFFONS VONT VOUS FAIRE TOUT UN TAS DE BLAGUES PENDANT LE MATCH POUR VOUS DÉSTABILISER.
AU MOINS, SI VOUS PERDEZ, VOUS AUREZ BIEN RIGOLÉ. BONNE CHANCE !
ALLEZ, VINGT MINUTES D'ENTRAÎNEMENT ET APRÈS ON VA À LA PLAGE !

JÉRÉMY, CE N'EST PAS UN BON TIRAGE POUR NOUS... LES BULLDOZERS SONT L'UNE DES RARES ÉQUIPES CAPABLES DE NOUS BATTRE.
ILS SONT INVAINCUS DANS LE TOURNOI, SURTOUT GRÂCE À MALIK QUI N'A PAS ENCORE ENCAISSÉ LE MOINDRE BUT.
NOUS AUSSI, ON EST INVAINCUS, MONSIEUR GOLMETTI.
ET NOUS DEVONS LE RESTER. RAPPELLE-TOI : AU FC GOLMETTI...
LA VICTOIRE À TOUT PRIX. OUI, JE SAIS... NE VOUS INQUIÉTEZ PAS. ON VA GAGNER.
6
MALIK ?
MONTE, JE TE RAMÈNE. J'AI UNE PROPOSITION À TE FAIRE, JUSTEMENT.
MERCI, MONSIEUR GOLMETTI !
RÉFLÉCHIS, MALIK. PENSE À TON AVENIR...
ALLEZ AU DIABLE !

REGARDEZ, J'AI FILMÉ ÇA LA SEMAINE DERNIÈRE.
HA HA HA! DU POIL À GRATTER ! LES BOUFFONS SONT GÉNIAUX !
ILS LEUR ONT AUSSI FAIT LE COUP DES CHAUSSURES QUI S'AGRANDISSENT APRÈS !
LES BOUFFONS ONT RÉUSSI À FAIRE MATCH NUL. IL PARAÎT QUE LES PSIKOPATS SE SONT GRATTÉS PENDANT TROIS JOURS !
HÉ, C'EST MALIK !
YO, MALIK ! ÇA VA ?
HEIN ? QUOI ? EUH, NON... ÇA VA PAS DU TOUT.

GOLMETTI M'A DEMANDÉ DE PERDRE LE MATCH CONTRE SON ÉQUIPE EN ENCAISSANT VOLONTAIREMENT DES BUTS !
SI JE REFUSE, IL LICENCIE MA MÈRE... ELLE EST VENDEUSE DANS UN DE SES MAGASINS DE SPORT.
HEIN ?!!!
MAIS C'EST IMMONDE !
IL FAUT TOUT DE SUITE PRÉVENIR JÉRÉMY !
NON, NON, SURTOUT PAS ! SI JAMAIS JÉRÉMY EST DANS LE COUP, IL PRÉVIENDRA GOLMETTI ET MA MÈRE SERA VIRÉE DIRECT.
JÉRÉMY N'EST PAS UN TRICHEUR. IL NE SERAIT JAMAIS COMPLICE D'UN CHANTAGE AUSSI ABJECT. IL FAUT LE LUI DIRE !
NON, JE PRÉFÈRE PAS PRENDRE LE RISQUE ! PROMETTEZ-MOI QUE VOUS NE LUI DIREZ RIEN.
PROMIS.
C'EST D'ACCORD, MAIS ON PEUT PAS LAISSER GOLMETTI S'EN TIRER COMME ÇA.
ET JE SAIS QUI POURRA NOUS AIDER !
CE GOLMETTI N'EST QU'UNE IGNOBLE CRAPULE !
COMMENT PUIS-JE VOUS AIDER ?
EH BIEN, JE ME DEMANDAIS SI TU NE POURRAIS PAS TROUVER UN NOUVEAU TRAVAIL DE VENDEUSE POUR MME DIALLO, LA MÈRE DE MALIK. TU CONNAIS BEAUCOUP DE MONDE À PORT-MARIE.

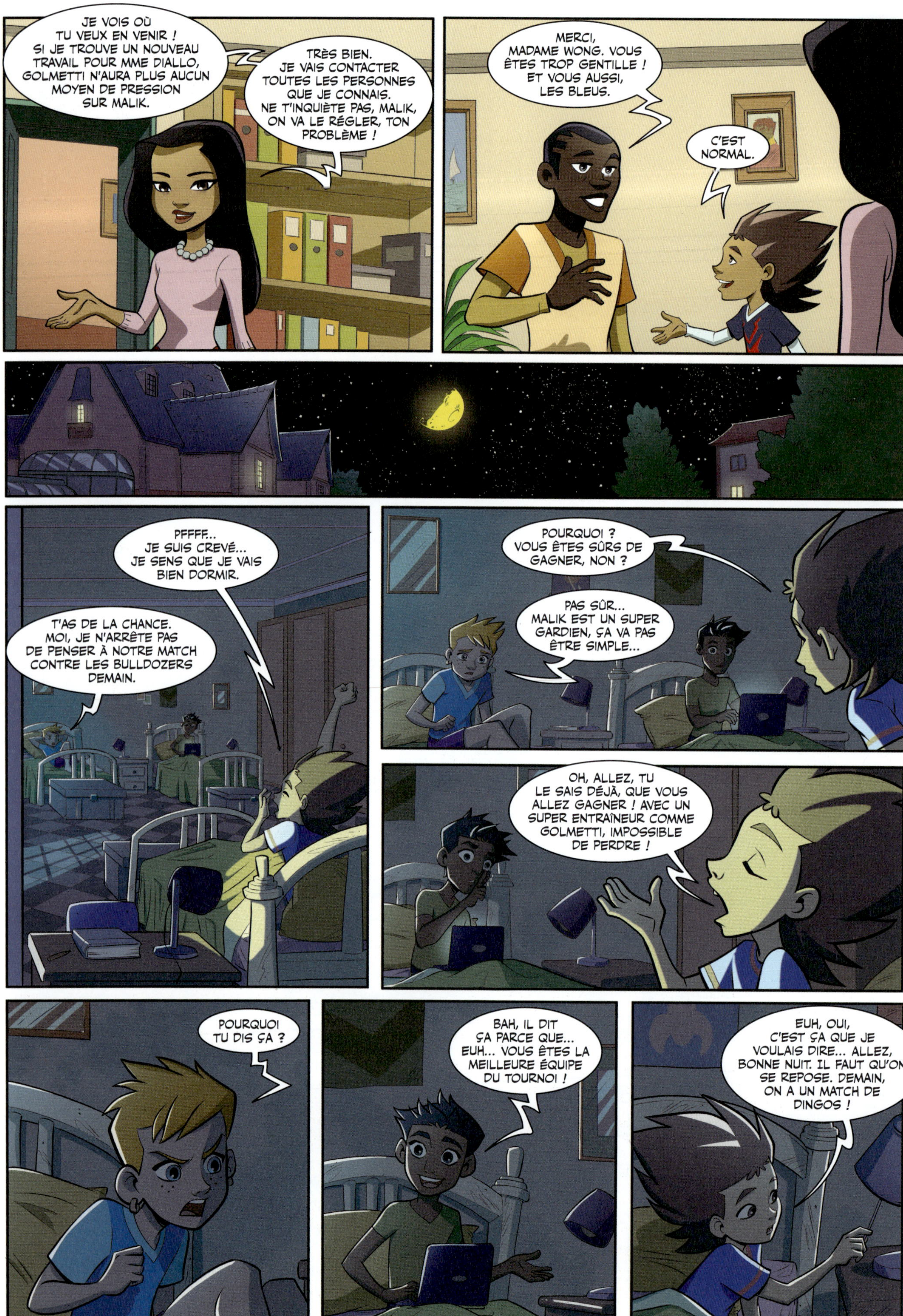
JE VOIS OÙ TU VEUX EN VENIR ! SI JE TROUVE UN NOUVEAU TRAVAIL POUR MME DIALLO, GOLMETTI N'AURA PLUS AUCUN MOYEN DE PRESSION SUR MALIK.
TRÈS BIEN. JE VAIS CONTACTER TOUTES LES PERSONNES QUE JE CONNAIS. NE T'INQUIÈTE PAS, MALIK, ON VA LE RÉGLER, TON PROBLÈME !
MERCI, MADAME WONG. VOUS ÊTES TROP GENTILLE ! ET VOUS AUSSI, LES BLEUS.
C'EST NORMAL.
PFFFF... JE SUIS CREVÉ... JE SENS QUE JE VAIS BIEN DORMIR.
T'AS DE LA CHANCE. MOI, JE N'ARRÊTE PAS DE PENSER À NOTRE MATCH CONTRE LES BULLDOZERS DEMAIN.
POURQUOI ? VOUS ÊTES SÛRS DE GAGNER, NON ?
PAS SÛR... MALIK EST UN SUPER GARDIEN, ÇA VA PAS ÊTRE SIMPLE...
OH, ALLEZ, TU LE SAIS DÉJÀ, QUE VOUS ALLEZ GAGNER ! AVEC UN SUPER ENTRAÎNEUR COMME GOLMETTI, IMPOSSIBLE DE PERDRE !
POURQUOI TU DIS ÇA ?
BAH, IL DIT ÇA PARCE QUE... EUH... VOUS ÊTES LA MEILLEURE ÉQUIPE DU TOURNOI !
EUH, OUI, C'EST ÇA QUE JE VOULAIS DIRE... ALLEZ, BONNE NUIT. IL FAUT QU'ON SE REPOSE. DEMAIN, ON A UN MATCH DE DINGOS !

ALLEZ, ON N'OUBLIE PAS LA STRATÉGIE QU'ON A MISE AU POINT HIER ! CE MATCH, ON VA LE GAGNER !
ENGAGEMENT POUR LES BLEUS !
HEIN ?!!!

HÉÉÉÉÉ !
TADAM !
QUOI ?
HA HA ! NOUS AUSSI, ON A PRÉPARÉ QUELQUES FARCES !
PETIT DRAGON ! À TOI !

BUT !
1-0 POUR LES
BOUFFONS !
DOMMAGE !
C'ÉTAIT BIEN
TENTÉ.
MAIS C'EST
QUOI CETTE HISTOIRE,
ENCORE ?

ILS SONT ÉPUISANTS !
PATIENCE...
MI-TEMPS ! 1 À 0 POUR LES BOUFFONS.
KANI, TU AS DES NOUVELLES DE MA MÈRE ?
ELLE VIENT JUSTE D'ENVOYER UN MESSAGE. ELLE DIT SEULEMENT : « PATIENCE... »
PATIENCE ? C'EST TOUT ?
T'INQUIÈTE, JE SUIS SÛRE QUE TA MÈRE VA ASSURER.
EN ATTENDANT, ON A UN MATCH À GAGNER !
PAS DE PROBLÈME ! COMME PRÉVU, LES BOUFFONS ONT ÉPUISÉ TOUT LEUR STOCK DE FARCES. MAINTENANT, C'EST À NOUS DE LES SURPRENDRE.

QU'EST-CE QUE... ?
BIANCA ! C'EST POUR TOI !
MERCI !
BIEN JOUÉ, LES BLEUS !
JOLIES CHAUSSURES !
PETIT DRAGON ! TU SUIS LE BALLON ?

BIEN SÛR QUE JE LE SUIS !
QUOI ?
ET VOILÀ ! 2-1 POUR LES BLEUS !
AAAARGH ! NOOON !
DÉSOLÉE...

CE COUP-CI, TU M'AURAS PAS, PETIT DRAGON ! J'AI ENLEVÉ MES RESSORTS ! HÉ HÉ HÉ !
J'AI D'AUTRES SURPRISES DANS MON SAC.
BUT ! 3-1 POUR LES BLEUS ET FIN DU MATCH !
BRAVO, LES BLEUS ! SUPER MATCH !
ON S'EST BIEN AMUSÉS.
MERCI, NOUS AUSSI. MAIS, DÉSOLÉ, IL FAUT QU'ON Y AILLE.
JE FILE À L'INSTITUT REJOINDRE MA MÈRE ET VOUS, VOUS FONCEZ ASSISTER AU MATCH ENTRE LES BULLDOZERS ET LE FC GOLMETTI. JE VOUS TIENS AU COURANT !
ÇA MARCHE.

ALORS ? DES NOUVELLES ?
NON, PAS POUR L'INSTANT.
GALÈRE... TANT QUE J'AURAI PAS LA CERTITUDE QUE MA MÈRE A UN NOUVEAU TRAVAIL, JE SERAI OBLIGÉ DE FAIRE CE QUE GOLMETTI M'A DEMANDÉ...
YO, MALIK ! PRÊT À PRENDRE UNE RACLÉE ?
C'EST FACILE DE GAGNER QUAND ON TRICHE !
HEIN ?!!! MAIS QU'EST-CE QUE TU RACONTES ?
TU LE SAIS TRÈS BIEN. JE DOIS ENCAISSER DES BUTS EXPRÈS, SINON GOLMETTI VA RENVOYER MA MÈRE.
N'IMPORTE QUOI ! M. GOLMETTI NE FERAIT JAMAIS UN TRUC PAREIL ! TU MENS POUR ESSAYER DE NOUS DÉSTABILISER !
DEUX MATCHS EN SI PEU DE TEMPS, C'EST PLUS DE MON ÂGE !

BUT ! 1-0 POUR LE FC GOLMETTI !
ILS ONT MARQUÉ AUSSI FACILEMENT ?
IL AVAIT L'AIR TOUT POURRI, CE TIR...
TU TE FAIS DES IDÉES, JÉRÉMY. GOLMETTI N'EST PAS UN TRICHEUR.

LÉO ! TOUT SEUL !
ARGH, SUPER NUL, MON TIR !
INCROYABLE, C'EST SA DEUXIÈME ERREUR !
C'EST PAS POSSIBLE ?! MALIK EST IMBATTABLE, NORMALEMENT.
BEN ALORS, QU'EST-CE QU'IL T'ARRIVE ?
J'SUIS DÉSOLÉ...
PAUVRE MALIK, C'EST VRAIMENT DUR POUR LUI.
MALIK M'A DIT LA VÉRITÉ. GOLMETTI LUI FAIT DU CHANTAGE...
PAS QUESTION DE GAGNER EN TRICHANT !

VOUS ALLEZ VOIR CE QUE VOUS ALLEZ VOIR, MONSIEUR GOLMETTI...
HÉ ! QU'EST-CE QUE TU FABRIQUES ?
YI-HAAA ! C'EST QUI L'MEILLEUR ?
JÉRÉMY ! JE SUIS DÉMARQUÉ !
ARRÊTE TON CINÉMA, JÉRÈM' ! T'ES PAS DRÔLE !
POURQUOI TU T'ÉNERVES ? ON MÈNE 2-0.
ET VOILÀ LE TRAVAIL !

MAIS QU'EST-CE TU FABRIQUES ?!!!
AAAAARGH ! COMMENT J'AI PU RATER ÇA ? JE SUIS NUL, NUL, NUL !!!
À QUOI IL JOUE, JÉRÉMY ?
IL EST AU COURANT POUR MALIK. C'EST POUR ÇA QU'IL A MONOPOLISÉ LA BALLE ET FAIT EXPRÈS DE RATER SON TIR.
OUI, C'EST HYPER MALIN ! COMME ÇA, IL EMPÊCHE SES COÉQUIPIERS DE MARQUER D'AUTRES BUTS.
MI-TEMPS !
MAIS QU'EST-CE QUE T'AS DANS LA TÊTE, JÉRÉMY ? TU JOUES PERSO ET TU RATES DES OCCASIONS FACILES ! ON POURRAIT DÉJÀ MENER 5-0 !
JE SAIS PAS CE QUI M'A PRIS. DES FOIS, EUH, MON ENVIE DE GAGNER EST TELLEMENT FORTE QUE... QUE JE ME LAISSE EMPORTER...
MADAME WONG ! ALORS, VOUS AVEZ TROUVÉ UNE SOLUTION ?
TOUT EST ARRANGÉ ! ON A TROUVÉ UNE NOUVELLE PLACE DE VENDEUSE POUR MME DIALLO !
C'EST ARRANGÉ POUR MA MÈRE, ON VA POUVOIR DISPUTER UN VRAI MATCH. ET JE NE TE FERAI PAS DE CADEAU !
COOL ! MOI NON PLUS !

C'ÉTAIT QUOI, CE TIR ? UNE PASSE ?
ALLEZ, C'EST LE MOMENT DE RÉDUIRE LE SCORE ! ADMIRE LE TRAVAIL !
BUT ! 2-1 POUR LE FC GOLMETTI !

BUT ! 2 PARTOUT !
DANS TA FACE, GOLMETTI !
TA MÈRE EST ARCHI-VIRÉE, PAUVRE CRÉTIN !
CE N'EST PAS GRAVE. NOUS LUI AVONS TROUVÉ UNE MEILLEURE PLACE, CHEZ UN PATRON QUI RESPECTE SES EMPLOYÉS... PAS COMME VOUS, ESPÈCE DE SALE TYPE.
ALLEZ, LE MATCH N'EST PAS FINI. FAUT QU'ON SE REPRENNE !

DERNIÈRE CHANCE AVANT LE COUP DE SIFFLET FINAL ! TOUT LE MONDE EN ATTAQUE !
BUT ET FIN DU MATCH ! SCORE FINAL : 3-2 POUR LES BULLDOZERS !
BRAVO, MEC ! T'AS ÉTÉ GÉNIAL !
J'AVAIS UNE REVANCHE À PRENDRE. À LA PROCHAINE !
JÉRÉMY, TU NOUS AS FAIT PERDRE LE MATCH !
NON, C'EST VOUS. JE SUIS AU COURANT POUR VOTRE CHANTAGE IGNOBLE !
VOUS M'AVEZ PROFONDÉMENT DÉÇU. JE NE SAIS MÊME PLUS SI J'AI ENCORE ENVIE DE JOUER POUR VOTRE ÉQUIPE.
JE SUIS DÉSOLÉ, JÉRÉMY. S'IL TE PLAÎT, OUBLIE CETTE MALHEUREUSE HISTOIRE. J'AVAIS TELLEMENT PEUR DE PERDRE CE MATCH...
J'AI PERDU LA TÊTE ET J'AI MAL AGI. JE TE PROMETS QUE ÇA NE SE REPRODUIRA PLUS.
OK... JE RESTE... TOUT LE MONDE A DROIT À UNE SECONDE CHANCE.
MERCI, JÉRÉMY ! TU NE LE REGRETTERAS PAS.

TU VOIS, JÉRÉMY, SI TU T'ÉTAIS INSCRIT AU TOURNOI AVEC LES BLEUS, ÇA T'AURAIT ÉVITÉ DE JOUER DANS UNE ÉQUIPE DIRIGÉE PAR UN TRICHEUR.
GOLMETTI A RECONNU SES ERREURS... IL A PROMIS QU'IL NE RECOMMENCERAIT PLUS. ET S'IL NE TIENT PAS SA PROMESSE, JE TE GARANTIS QUE JE QUITTE IMMÉDIATEMENT L'ÉQUIPE.
AU MOINS, J'AURAI APPRIS DEUX CHOSES, AUJOURD'HUI.
LA PREMIÈRE, C'EST QU'EN PERDANT APRÈS AVOIR MENÉ 2-0, LE FC GOLMETTI A MONTRÉ QU'IL N'ÉTAIT PAS IMBATTABLE.
SIMPLE ACCIDENT DE PARCOURS... ET LA DEUXIÈME ?
LES BLEUS ONT GAGNÉ LEUR CINQUIÈME MATCH DE SUITE. ON A DÉMONTRÉ QU'ON POUVAIT REMPORTER LE TOURNOI SANS AVOIR BESOIN DE TOI DANS L'ÉQUIPE !
HA HA HA ! SANS BLAGUE ? NE FRIME PAS TROP QUAND MÊME, PETIT DRAGON !
ALLEZ, C'EST PARTI POUR LE TIRAGE AU SORT !
ALORS, LE PROCHAIN MATCH SAMEDI OPPOSERA...

... LES PSIKOPATS CONTRE LES BLEUS ! CHOIX DU TERRAIN POUR LES BLEUS !
OH NON... CE SONT LES PIRES BRUTES DE LA COMPÉTITION !
C'EST VRAI, BIANCA... MAIS ON A NOS CHANCES !
OUAIS... Y A AUCUN MATCH JOUÉ D'AVANCE ! ET ENCORE MOINS PERDU D'AVANCE !
C'EST L'HEURE DE LA REVANCHE ENTRE LES PSIKOPATS ET LES BLEUS... ÇA VA ÊTRE CHAUD !
CARRÉMENT ! ÇA SERAIT MÊME TROP DRÔLE QUE LES P'TITS BLEUS METTENT LA HONTE AUX PSIKOPATS !
EN TOUT CAS... ON SERA TOUS LÀ POUR VOIR LE MATCH ! HEIN, LES TERREURS ?
EH BAH NOUS AUSSI, ON SERA LÀ. ET CE SERA PAS POUR RIGOLER MAIS POUR ÉCRASER LES MICROBES !
ON A CHOISI LE TERRAIN VAGUE, ICI À L'USINE.
PEU IMPORTE LE TERRAIN ! RENDEZ-VOUS SAMEDI MATIN... ET PRÉPAREZ-VOUS À RECEVOIR UNE BONNE RACLÉE !

OK, PETIT DRAGON : ON S'EMBALLE PAS... MAIS SI ON LEUR A MIS UN BUT, Y A PAS DE RAISON POUR QU'ON N'EN METTE PAS D'AUTRES, NON ?
ET PUIS ON SERA BEAUCOUP MIEUX ENTRAÎNÉS QUE POUR NOTRE TOUT PREMIER MATCH !
MMH... ON LEUR A PEUT-ÊTRE MIS UN BUT... MAIS LES PSIKOPATS, EUX, EN AVAIENT MARQUÉ QUATRE ! FAUT PAS L'OUBLIER, ÇA.
RAMASSE, FAYOT !
PFFF ! TRÈS DRÔLE, SHOOTER !
HÉ ! FAIS PAS ATTENTION À LUI... C'EST QU'UNE BRUTE, TU SAIS !
BAH... UN PEU COMME LES PSIKOPATS EN FAIT.
C'EST CLAIR ! ET FACE À DES BRUTES... FAUT QU'ON JOUE MALIN ! VENEZ, ON VA EN DISCUTER AU RÉFECTOIRE.

VOUS VOUS SOUVENEZ DE NOTRE PRÉCÉDENT MATCH CONTRE LES PSIKOPATS ! ILS NE RECULENT DEVANT RIEN POUR GAGNER*.
ALORS, POUR ÉVITER LES MAUVAIS COUPS, ON VA DEVOIR ÉCARTER LE JEU EN PASSANT PAR LES CÔTÉS...
FAIRE DES PASSES À UNE TOUCHE DE BALLE... JOUER RAPIDE... NE PAS GARDER LE BALLON...
OUI ! IL FAUDRA SE FAIRE DES LONGUES PASSES !
DES TIRS À PLUSIEURS BANDES ! COMME ÇA !
OH ! C'EST FINI, VOTRE BAZAR, LÀ ? J'ESSAIE DE TRAVAILLER, MOI ! ET C'EST INTERDIT DE JOUER ICI !
T'AS RAISON, EXCUSE-NOUS, STEVEN...
LES BLEUS, ON EN REPARLERA DEMAIN À L'ENTRAÎNEMENT !

* *VOIR TOME 1.*

AÏE, AÏE AÏE, JE SUIS GRAVE EN RETARD...
HEIN ??
ÇA, C'EST BIZARRE...
T'AS DEUX TOURS DE TERRAIN DE RETARD, FRANK !
PFFF ! ATTENDEZ... PFFF ! J'AI VU... J'AI VU... PFFF !
BAH, T'AS PAS VU L'HEURE, EN TOUT CAS !
NON, J'AI VU SHOOTER ! IL PARLAIT AVEC UN PSIKOPAT ! DANS UNE PETITE RUELLE, COMME S'ILS SE CACHAIENT !
HEIN ? MAIS QU'EST-CE QU'IL TRAFIQUAIT AVEC EUX ?
MINUTE... ET SI C'ÉTAIT LUI LE CAPITAINE DES PSIKOPATS ?

SHOOTER... LE CAPITAINE MASQUÉ ? CETTE BRUTE ?
BAH, ÇA COLLE PLUTÔT BIEN AU PERSONNAGE !
VOUS VOUS RAPPELEZ ? QUAND ON CHERCHAIT NOTRE DERNIER JOUEUR POUR L'ÉQUIPE, JE LUI AVAIS DEMANDÉ, MAIS IL AVAIT REFUSÉ ! PEUT-ÊTRE JUSTEMENT... PARCE QU'IL AVAIT DÉJÀ UNE ÉQUIPE !
SI C'EST BIEN LUI, ON VA POUVOIR EXPLOITER SON POINT FAIBLE : SHOOTER N'A AUCUN SANG-FROID. DÈS QU'IL S'ÉNERVE, IL PÈTE LES PLOMBS.
BIANCA ? QU'EST-CE QUI TE PREND ? TU ES TOUTE BLANCHE !
C'EST SHOOTER... IL ME FAIT TROP PEUR ! ET SI C'EST LUI LE CAPITAINE DES PSIKOPATS, BEN...
BIANCA, NE T'INQUIÈTE PAS... JE SERAI LÀ POUR TE PROTÉGER... SHOOTER, IL POURRA RIEN TE FAIRE.
VRAIMENT ?
JE SUIS TOUJOURS LÀ POUR TOI, C'EST VRAI OU C'EST PAS VRAI ?
ET PIS... SI ÇA SE TROUVE, C'EST MÊME PAS LUI !
JUSTEMENT, JE SAIS COMMENT FAIRE POUR LE DÉCOUVRIR. J'AI UNE APPLI POUR TRAFIQUER MA VOIX. COMME ÇA, J'APPELLE SHOOTER EN ME FAISANT PASSER POUR UN PSIKOPAT !
MERCI, FRANK... MAIS J'AI PLUS SIMPLE : ON VA FOUILLER SA CHAMBRE À L'INSTITUT RIFFLER.
MAIS... MAIS ON N'A PAS LE DROIT !

ALLEZ, SHOOTER... OÙ TU LE CACHES, TON MASQUE ?
YES !
TOC TOC TOC
OH NON... C'EST SHOOTER ! PETIT DRAGON VA SE FAIRE MASSACRER S'IL EST DÉCOUVERT !

C'EST BON : LA VOIE EST LIBRE...
ALORS ?
PLUS DE DOUTE, CETTE FOIS ! J'AI TROUVÉ LA FEUILLE DE MATCH DES PSIKOPATS DANS SON SAC...
ALORS COMME ÇA, ON FOUILLE DANS LA CHAMBRE DE SES CAMARADES ? FORT HEUREUSEMENT, STEVEN M'A PRÉVENUE...
EH BIEN, VOUS AVEZ GAGNÉ UNE BELLE PUNITION... QUI VOUS OCCUPERA TOUTE LA MATINÉE DE DEMAIN !
QUOI ? MAIS... OH NON ! MAIS COMMENT ON VA FAIRE ? ON A NOTRE MATCH DEMAIN MATIN !
PFFF ! ET ON PEUT PAS VOUS AIDER ? ÇA IRAIT PLUS VITE !
BAH NON... MLLE ADÉLAÏDE A DIT QUE C'ÉTAIT NOTRE PUNITION ! C'EST À NOUS DE LA FAIRE !
EN TOUT CAS, MAINTENANT, C'EST SÛR : SHOOTER EST LE CAPITAINE MASQUÉ... DONC NOTRE TACTIQUE EST SIMPLE : COMME IL EST INCAPABLE DE SE CONTRÔLER, IL SUFFIRA DE BIEN L'ÉNERVER POUR QUE TOUTE L'ÉQUIPE DES PSIKOPATS PARTE EN VRILLE !
BAH OUI... MAIS POUR ÇA, IL FAUDRAIT QU'ON SOIT À L'HEURE POUR LE MATCH ! ET IL COMMENCE DANS HUIT MINUTES...

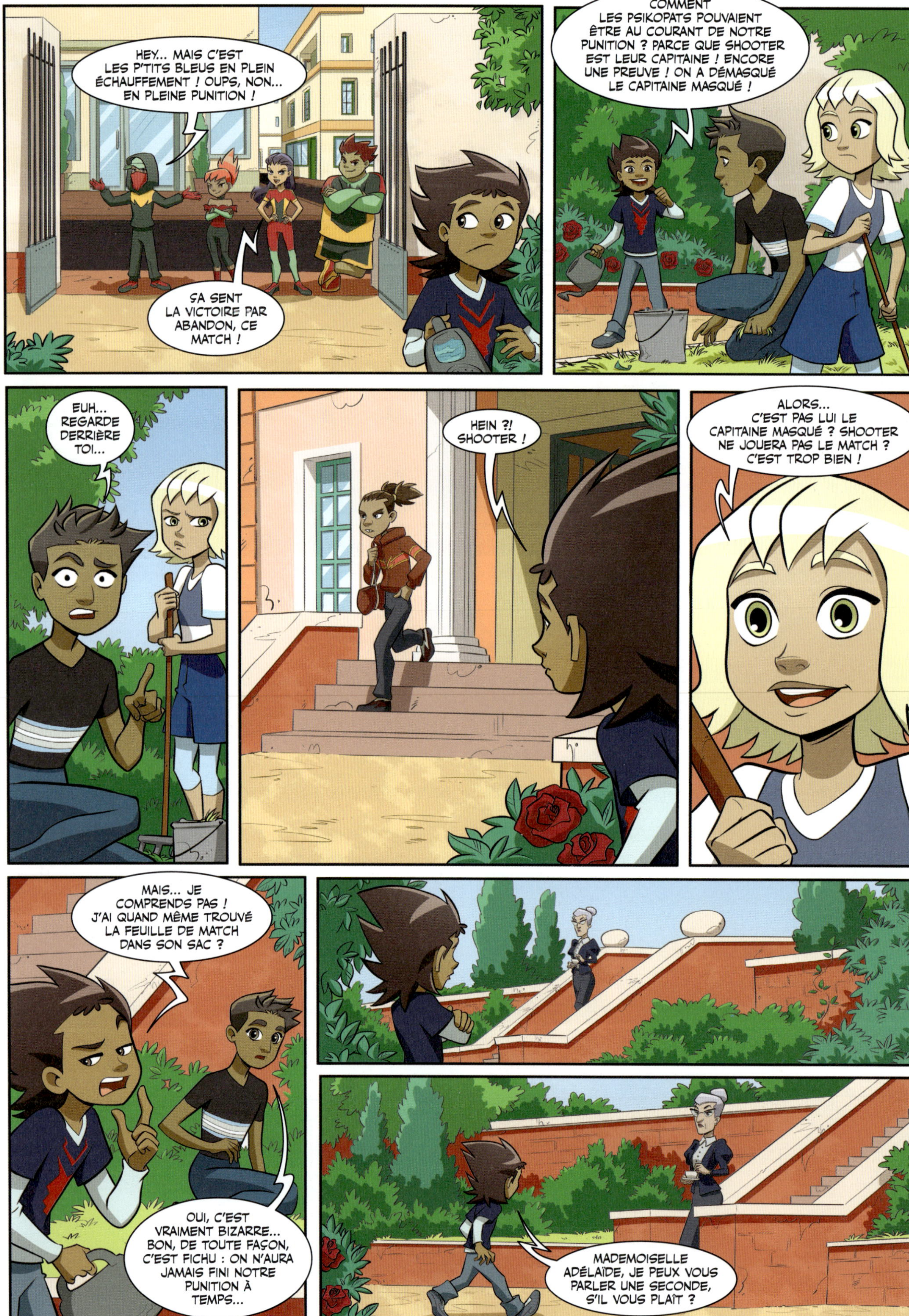
HEY... MAIS C'EST LES P'TITS BLEUS EN PLEIN ÉCHAUFFEMENT ! OUPS, NON... EN PLEINE PUNITION !
ÇA SENT LA VICTOIRE PAR ABANDON, CE MATCH !
COMMENT LES PSIKOPATS POUVAIENT ÊTRE AU COURANT DE NOTRE PUNITION ? PARCE QUE SHOOTER EST LEUR CAPITAINE ! ENCORE UNE PREUVE ! ON A DÉMASQUÉ LE CAPITAINE MASQUÉ !
EUH... REGARDE DERRIÈRE TOI...
HEIN ?! SHOOTER !
ALORS... C'EST PAS LUI LE CAPITAINE MASQUÉ ? SHOOTER NE JOUERA PAS LE MATCH ? C'EST TROP BIEN !
MAIS... JE COMPRENDS PAS ! J'AI QUAND MÊME TROUVÉ LA FEUILLE DE MATCH DANS SON SAC ?
OUI, C'EST VRAIMENT BIZARRE... BON, DE TOUTE FAÇON, C'EST FICHU : ON N'AURA JAMAIS FINI NOTRE PUNITION À TEMPS...
MADEMOISELLE ADÉLAÏDE, JE PEUX VOUS PARLER UNE SECONDE, S'IL VOUS PLAÎT ?

LES BLEUS ! LES BLEUS ! LES BLEUS ! ON EST TOUS AVEC EUX !
BAH, EN ATTENDANT... JE VOIS PAS L'OMBRE D'UN P'TIT BLEU, MOI !
TU M'ÉTONNES... ILS ONT SÛREMENT TROP PEUR DE SE PRENDRE UNE RACLÉE !
PAS LE CHOIX... JE DOIS SIFFLER L'ABANDON !
LES BLEUS ! ILS SONT LÀ ! ILS ARRIVENT !
PFFF, PFFF ! PRÊTS POUR LE MATCH, REQUIN !
BAH, C'ÉTAIT MOINS UNE, PETIT DRAGON...
DÉSOLÉ, JE DEVAIS PARLER AVEC NOTRE DIRECTRICE.
LES BLEUS ! EN ROUTE POUR L'EXPLOIT !
QUOOOOOOOOOI ?!!!

OH NON... SHOOTER REMPLACE LEUR DÉFENSEUR !
SURPRISE, LA MORVEUSE !
LES BLEUS ONT CHOISI LE TERRAIN, DONC ENGAGEMENT POUR LES PSIKOPATS ! ÇA JOUE !
AVEC MOI, BIANCA !
TOI, JE VAIS PAS TE LÂCHER DU MATCH...
HEY ! LAISSE-LA, SHOOTER !
ASSÂAD ! DERRIÈRE, AVEC TOI !

À TOI DE JOUER, KANI !
HÉ !
ON SE REPLACE ! VITE !
BUT ! 1-0 POUR LES PSIKOPATS !
ET D'UN ! ET C'EST PAS FINI, LES MICROBES !
BOUH !

OH, REQUIN ! Y RESTE COMBIEN AU CHRONO ?
ACHÈTE-TOI UNE MONTRE.
HEY ! MAIS Y A FAUTE !
2-0 POUR LES PSIKOPATS ! MI-TEMPS !

CETTE FOIS... VOUS N'ALLEZ PAS EN MARQUER UN SEUL !
RACLÉE POUR LES BLEUS ! RACLÉE POUR LES BLEUS !
PFFF ! ILS JOUENT ENCORE PLUS PHYSIQUE QUE CE À QUOI ON S'ATTENDAIT...
OUI... DE VRAIES BRUTES !
MMH, IL N'Y A PAS QUE ÇA... SHOOTER MET TROP LA PRESSION SUR BIANCA, DU COUP, QUAND PETIT DRAGON VIENT POUR L'AIDER, ÇA DÉSÉQUILIBRE TOUT NOTRE JEU !
ET JE SUIS CENSÉ FAIRE QUOI, HEIN ?! SHOOTER N'ARRÊTE PAS DE LA TERRORISER !
KANI A RAISON... TU NE POURRAS PAS TOUJOURS ME PROTÉGER. C'EST À MOI DE L'AFFRONTER... MAIS IL ME FAIT TROP PEUR. ET LE PIRE... C'EST QU'IL ADORE ÇA.
ON EST AVEC TOI. TU SAIS, QUAND UN TRUC ME SAOULE VRAIMENT, J'IMAGINE QUE CE TRUC, BAH, C'EST LE BALLON... ET ALORS JE SHOOTE DEDANS POUR ME DÉFOULER ET L'ENVOYER LE PLUS LOIN POSSIBLE !
MAIS OUAIS ! ET SI SHOOTER TE FAIT SI PEUR... T'AS QU'À L'IMAGINER EN SLIP, AVEC DES PETITS CŒURS ROSES DESSUS !
MERCI, LES AMIS... JE VAIS ESSAYER... MAIS JE NE CROIS PAS QUE ÇA FONCTIONNERA...
JE SAIS CE QUE TU RESSENS... LA PEUR, C'EST DUR À SURMONTER... ET JE SAIS DE QUOI JE PARLE AVEC MA PEUR DE L'EAU... MAIS... TU DIS QUE SHOOTER ADORE FAIRE PEUR ?
PEUT-ÊTRE QU'ON POURRAIT ESSAYER QUELQUE CHOSE... TOUS ENSEMBLE...

DEUXIÈME PÉRIODE !
GRAAAAAA !
ATTENTION ! V'LÀ SHOOTER !
AU SECOURS ! MAMAN ! J'AI PEUR !
AAAAAAH ! TOUS AUX ABRIS ! IL EST TROP MÉCHANT !
FERMEZ-LA, LES P'TITS BLEUS ! OU JE VOUS MASSACRE !

SUPER TIR, ASSÂAD ! BIEN JOUÉ, BIANCA !
2-1 ! BALLE AUX PSIKOPATS !
OH, SHOOTER ! CONCENTRE-TOI SUR LE MATCH ! OK ?
JE REÇOIS D'ORDRE DE PERSONNE ! ET SURTOUT PAS D'UN CLOWN MASQUÉ, COMPRIS ?
C'EST LE MOMENT DE LES FAIRE PARTIR EN VRILLE. À NOUS DE JOUER !
AAAAAAH ! SHOOTER REVIENT ! AU SECOURS !
AU SECOURS !

HÉ ! MAIS ON EST DANS LA MÊME ÉQUIPE.
ICI, JE SUIS DÉMARQUÉ !
NON...
CARTON ROUGE ! TU SORS, SHOOTER !
C'EST N'IMPORTE QUOI !
ALLEZ, MÊME EN INFÉRIORITÉ NUMÉRIQUE, ON VA BATTRE CES MICROBES.
À CINQ CONTRE QUATRE... C'EST LE MOMENT DE TOUT DONNER, LES BLEUS !

2-2 !
ÉGALITÉ ! ET FIN
DU MATCH !
VIVE LES
BLEEEEEEUS !

FIN DE L'ÉPISODE.

RETROUVE TA SÉRIE
FOOT 2 RUE
EN BIBLIOTHÈQUE VERTE !
LA BIBLIOTHÈQUE verte
FOOT 2 RUE
EN ROUTE POUR LES QUALIFS !
TOME 1 EN LIBRAIRIE
La BIBLIOTHÈQUE verte
Le site de tous les héros
www.bibliotheque-verte.com
FOOT 2 RUE © Zodiak Kids & Family France / Monello Productions / Maga Animation Studio – 2022. Tous droits réservés.

DANS LA MÊME COLLECTION

SAISON 1 · TOMES 1 À 3

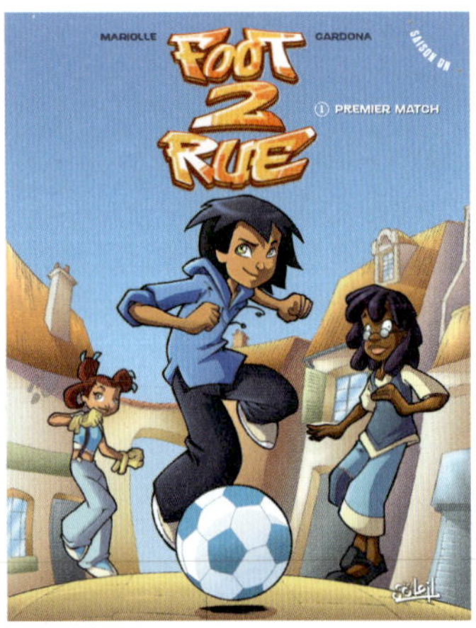

SAISON 4 · TOMES 1 ET 2

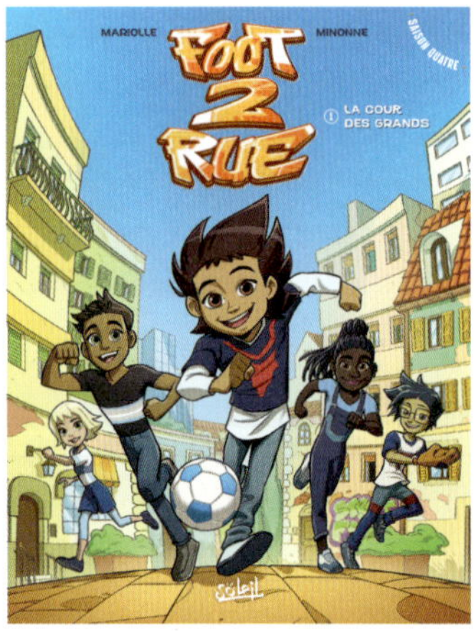